Alexandra Lemi

Todas las heridas que ya No duelen

Todas las heridas que ya no duelen
© 2020, Alexandra Lemi

© de esta edición: septiembre 2023
Ediciones Venado Real
edicionesvenadoreal@gmail.com

3ª edición: septiembre de 2023

ISBN: 978-9915-9599-5-5

© del texto: Alexandra Lemi
© de la edición: Alexandra Lemi
@ de la cubierta y diagramación: H. Kramer

Reservados todos los derechos.
No se permite la reproducción total o parcial de esta obra, ni su incorporación a un sistema informático, ni su transmisión en cualquier forma o por cualquier medio (electrónico, mecánico, fotocopia, grabación u otros) sin autorización previa y por escrito de los titulares del *copyright*. La infracción de dichos derechos puede constituir un delito contra la propiedad intelectual.

*Para todos los lectores
que se han visto sangrar
y no le temieron a la sangre.*

Índice

Introducción 9

Primera Parte 11

   La primera experiencia 13

   Búsqueda de la verdad 15

   ¿Me podré curar? 19

   La angustia de no encontrar respuesta 21

   La bendición de la ayuda 25

Segunda Parte 27

   La primera consulta 29

   Qué tan malo es medicarse 31

   Identificación del problema 35

   Presión social 37

   Estabilidad 41

   La inminente caída 43

Tercera Parte 45

   Miedo 47

   Recordar cómo salvarme 49

   Aceptar y alejar lo que me ha dañado 51

   Yo, yo misma, y yo, siempre 53

   La habitación de los espejos 55

Cuarta Parte 59

Escribir me salva 61
Armas de fuego 62
Lo que el mundo necesita 63
La elección 64
Mírame a los ojos 65
Metamorfosis 66
Aclaratoria 67
Atracción 68
Atadura 69
Quiérete 70
Mujer Meteorito 71
Llueves 72
Sentir(te) o no sentir 73
Siempre conocí al amor 74
Mandamiento 75
Madre de palabras 76
El dolor del adiós sin despedida 77
¿Tienes fuego? 81
Agradecimientos 87

Introducción

El espejo puede no ser una persona, pero seguramente hemos tenido batallas más complejas en su contra, que con cualquier otro ser humano. No importa su tamaño, forma, limpieza, o suciedad: lo que importa es la manera en que miramos el reflejo, y cómo percibimos la mirada que nos devolvemos.

En él he visto muchísimas versiones de mí, de las cuales me he sentido orgullosa, y de otras que hubiese preferido jamás ver. Me he observado desnuda, sonriente, vulnerable, rota. También me he hecho preguntas que nunca tuvieron respuestas, y otras de las que me arrepiento haber encontrado.

Lo cierto es que el cristal reflejará algo que el lector, y mi persona, siempre tendremos en común: nuestro propio ser.

Por ello, a través de mi experiencia, narraré las versiones personales con las que me he enfrentado, y de las que no necesariamente salí victoriosa. La dolorosa verdad es que me corté demasiadas veces con mis propios cristales, pero de esas cicatrices y dolor, he podido construir lo que soy hoy en día: una mujer que se quiere, a pesar de los demonios que insisten en hacerle sombra a su luz.

Primera parte

"No son los males violentos los que nos marcan,
sino los males sordos, los insistentes, los tolerables,
aquellos que forman parte de nuestra rutina
y nos minan meticulosamente como el tiempo".

Emil Ciora

La primera experiencia

La primera experiencia es aterradora, y la segunda, la tercera, y hasta la cuarta. ¿Alguna vez se deja de temer a los ataques de pánico? No lo sé, pero de serlo, que alguien me facilite el secreto.

Recuerdo que era noviembre y a mí me sacudía la fiebre. Tenía un virus que me debilitaba, producía mareos, y me dejaba con las ganas de permanecer acostada. Puede que se pregunten qué tiene que ver esto con el desarrollo de mi condición, pero resulta tener la raíz por donde se dio comienzo a todo.

Debido al estado en que me encontraba, tuve una baja de tensión. Estaba sola, nerviosa, sintiendo que unas manos arañaban mis piernas por el capricho de querer hundirme. Entré a la sala de emergencias de la clínica, donde la doctora prefirió finalizar su conversación antes que atenderme.

Si lo veo todo en tercera persona, me imagino a una chica de diecinueve años, delgada, pálida, con un terror espeluznante en los ojos por no saber lo que le estaba sucediendo. Manos frías que temblaban, pero, al mismo tiempo, también sudaban; la advertencia de que el mundo podría apagarse en cualquier segundo y que, en esa oscuridad, se terminaría el poco oxígeno que sentía estar respirando.

Quiero abrazar a esa chica que fui, reconfortarla, decirle que solo está teniendo el primer ataque de pánico en su vida, y que cuando pase, podrá volver a sonreír sin miedo.

Al escribir esto, caigo en la realidad de la muy poca información que se suministra sobre la salud mental. Yo ni siquiera sabía el significado de lo que estaba experimentando, generando que incrementara mi angustia. El conocimiento en esta área no es dado, por lo que, para la mayoría de la población, acudir a un psicólogo está mal.

La primera vez es extremadamente escalofriante. Miles de preguntas se te ocurren y ninguna respuesta acude. Era como quemarse, sin descubrir el secreto para ser a prueba de incendio. Así que, solo te queda el miedo de que pueda volver a pasar y, al igual que en la última vez, no saber qué carajos hacer, o cómo establecerle fin.

Búsqueda de la verdad

Es muy difícil vivir este primer episodio, pero vivirlo junto con el segundo en menos de una hora, solote conduce a pensarlo peor. A estrellarte contra una pared de cemento, quedar malherido, pero consciente de todo lo que sucede alrededor. Y eso sí que es una tortura.

Después de vivir mi primer ataque de pánico, y ser dada de alta, inmediatamente experimenté el próximo. Solo el respirar del aroma del alcohol me logró calmar, concentrándome en la crudeza del olor. Sin embargo, en ningún instante dejé de preguntarme qué me estaba sucediendo; si habría alguna falla, la cual, en cualquier momento, podría hacerme estallar.

Ante la situación, fue mi madre quien sugirió una respuesta con base en su experiencia:

«*Puede que tengas ataques de pánico*», me hizo saber.

Sí, ella sufre de esto, por lo que me dio un medicamento suministrado por su psiquiatra. De ante mano les hago saber que esta **no es la forma correcta de proceder**, pues la profesión de mi mamá no es la medicina. En todo caso, ante la angustia se suelen tomar las medidas más próximas que tengamos al alcance.

En mi lugar se trató de la automedicación, sin embargo, no lo recomiendo. Todo debe ser prescrito por un especialista, mucho más tratándose de la composición de este tipo de fármacos.

Lo cierto es que no puedo restarle los créditos a la pastilla que calmó mis nervios, me permitió dormir, y espantó el temor por unos días. Aunque, escondida entre las sombras, permanecía la duda cubierta por la oscuridad, sin intenciones de alejarse.

Allí, a plena luz, se hallaba lo que más me asustaba: descubrir la verdad.

Tras recuperarme del virus, tomamos la decisión de realizarme exámenes. Todo salió bien, entonces, ¿qué estaba pasando? Y, al acudir a un buen internista, la respuesta me dio una bofetada.

Recuerdo estar sentada en el consultorio, ya vestida. La sala se hallaba adornada por muchísimos búhos, ya que el doctor creía fielmente en la energía transmitida por estos. Sin embargo, yo solo reparaba en la cantidad excesiva que tenía, el constante movimiento inquieto de mi pierna, y el sonido de sus dedos al teclear algo en el computador.

Finalmente, me vio y, antes de hacérmelo saber, una sonrisa divertida le surcó a lo largo del rostro.

Imagínense, por un momento, estar repleto de miedo, y que a tu médico se le ocurra sonreír burlón. A muchos podría darles enojo, pero viéndolo desde ahora, hasta a mí me parece divertido.

«*¿Sabes lo que son los ataques de pánico, Alexandra?*», fue su pregunta, a la que di una respuesta negativa.

A pesar de que mi madre me había dado una idea previa de lo que significaba, yo seguía sin encontrarle la lógica. ¿Estoy llena de miedo? ¿A qué le tengo miedo? ¿Por qué puedo estar tranquila y, de pronto, vivir esta desesperación? Al enfrentar lo desconocido, solo quieres obtener información que te haga relacionarte con lo que estás por vivir, para que así nada pueda tomarte por sorpresa. No obstante, nadie te hace saber que es muy variado el contenido de esta condición y, por ende, muy subjetivo.

Es entonces cuando se da comienzo a esa búsqueda de la verdad, insaciable, ansiosa, y que, eventualmente, puede resultar desgastante. Supongo que mi obsesión por tener una idea de lo que significaría esto para mi desarrollo, fue lo que me llevó a desenvolver esta angustiosa indagación por lo que sería certero.

Lo que más da miedo, lo que te cala hasta los huesos, es no saber si podrás continuar con el estilo de vida que llevabas. Pero, a día de hoy, y con un conocimiento maduro de lo que significa la ansiedad, es peor no darte cuenta que, quizás, es a lo que te aferras lo que te está produciendo tanto mal.

Solo que, ahora, tu cuerpo se ha quitado el bozal, dando comienzo a una protesta que conducirá al descubrimiento del verdadero mal, y con ello, a su inminente erradicación.

Todas las heridas que ya No duelen

¿Me podré curar?

Existe una pregunta en específico que ahoga a la mente de todo sujeto que sufre esta condición: *¿en algún momento podré curarme?*

En mi caso, esta duda me surgió al recordar cómo era mi vida previa a los ataques de pánico, los cuales establecerían un *antes* y un *después*. Lo que mayormente recordaba eran las fiestas, la diversión y sumergirme en el alcohol, cayendo en la toxicidad que puede resultar esta relación entre un ser vulnerable y la descarga eléctrica que te hace sentir momentáneamente bien. Pero que termina dejándote peor.

El primer psiquiatra al que acudí me aseguró que alcanzaría a sanarme, como si realmente estuviese enferma. Muchos lo creen así, ya que suele ser bastante común que las personas opinen, alegando que estás demasiado joven para sufrir de esto. Como dije alguna vez: *no puedes esperar que los demás entiendan aquello que nunca les ha tocado vivir.*

Al principio, en parte por todo lo confuso que resulta, las críticas tienen un fuerte choque que debilita la poca fuerza que percibes. Estas supuestas opiniones te hacen sentir pequeño, frágil, e incluso, puedes llegar a convencerte de que realmente está algo mal dentro de ti.

Ese siempre ha sido el principal problema de las personas, pues se creen con el derecho de dar por sentado un tema que ni siquiera comprenden. Si alguien está pasando por un mal momento emocional, es imprescindible que esa persona viva su miedo y dolor por sí mismo, sin lidiar con los demonios que terceros puedan aventarle. La fuerza reside dentro de cada ser humano, pero, a veces, las cadenas se vuelven más pesadas cuando caemos en la desesperación por ponerle fin al sufrimiento.

Siguiendo el hilo de mi experiencia, no dudé en buscar la verdad a través del internet. Resulté, como bien pueden imaginarse, en encontrar mentiras que superaban a las verdades. No existía ningún sitio web que diera con la cura mágica que añoramos conseguir, debido a que esta puede no existir en lo absoluto.

Es posible que sea en este momento que consideramos crucial, cuando decidimos enfrentarnos al espejo. Lo que yo observé fue mi rostro sereno, pero cualquiera que conociera mis ojos podía asegurar que no me hallaba en ellos. Estaba perdida, a pesar de saber perfectamente dónde me encontraba. No se necesita olvidar el camino para vivir ese impacto en el pecho por no saber cómo volver a casa; hay golpes mucho más duros, como perderte dentro de tu propio cuerpo y alma.

Yace un aspecto inherente al comienzo de este desafío interno, y es que, cuando crees que la batalla está por terminar, caes en cuenta de que te enfrentas a una guerra. Lo que marcará el rumbo, es la determinación con que la asumas:

Levantas la espada y vences, o huyes intentando convencerte de que el enemigo no te alcanzará, aunque sepas perfectamente que lo hará.

La angustia de no encontrar respuesta

Existe algo peor que vivir un ataque de pánico: creer haber conseguido ayuda, pero, en realidad, no conseguiste nada.

Con el primer psiquiatra al que acudí siempre hubo algo raro desde el principio. Una sensación extraña, incómoda, que muchos podrían percibirla como normal, ya que le confiaba mis profundos secretos a un completo desconocido. Pero no se trataba de eso, pues de cierta forma, a mí nunca me ha dado miedo hablar sobre lo que siento con extraños.

Quizá es ese el error, ¿no? Creer que personas que no te conocen te darán buenas respuestas. Hemos confiado innumerables veces en el consejo de un amigo, conocido, o pareja; pero, ¿cuántas veces te detuviste para pedirle ayuda a tu padre o a tu madre? Muy pocas en contraposición al resto.

Y no juzgo a aquellos que lo han hecho, puesto que yo también fui una de esas personas. Díganme quién realmente puede llegar a conocerte cuando, a veces, no te conoces ni tú mismo. Los terceros solo entran en nuestra vida porque así lo permitimos y, por ende, les mostramos lo que nos permitimos mostrarles. Nadie conoce una parte de ti sin que des permiso a que la conozca.

No está mal confiar en el consejo de un compañero o una pareja, pero soy partícipe de primero acudir a mis padres. ¿Por qué? Porque sé que, en ningún momento de mi vida, y sin importar los errores que pueda cometer, ellos van a desearme el mal. Ahí radica este punto: en saber dónde yacen las buenas intenciones que jamás llevarán consigo una fecha de caducidad.

Con mi primer psiquiatra me abrí en totalidad. ¿Qué más podía hacer? Me sentía indefensa, aunque por fuera intentara reflejar confianza; o una seguridad de que, aunque me surgiera el ataque de pánico, sabía que saldría de él. El asunto era que yo no estaba bien. ¿Cómo podía estarlo, si al sucederme esto, todos los traumas que creí superados volvieron a cobrar vida? Ya no solo me acechaba un fantasma, sino todos los que permanecieron callados, esperando por el momento indicado para volver a atacarme.

Recuerdo haberle confesado un temor al doctor. Me aterrorizaba tener un ataque de pánico y desmayarme estando sola en casa, pues para ese entonces, vivía en la ciudad de Caracas, en un apartamento en el que no viví, precisamente, gratas experiencias.

Su respuesta fue esta:

«*Si te desmayas, te desmayaste. Mejor, así tu sistema nervioso se relajará*».

Cierta crudeza en sus palabras, ¿no? Viéndolo desde ahora, puede que tenga razón, pero decirle algo así a una persona que no se siente fuerte, solo significaría incrementar su debilidad. A veces, los médicos, en vez de sanar, pueden llegar a enfermar un tanto más.

Seguí acudiendo a consultas, tomando medicina, presentando pequeños episodios, y llenando pruebas psicológicas que ayudarían a dar un diagnóstico profesional. El resultado no me sorprendió. En efecto, no solo sufría de *ansiedad crónica*, sino también de *trastorno obsesivo compulsivo, y depresión oculta*.

Todas las heridas que ya no duelen

Creo que en el fondo me lo esperaba. De pequeña fueron muchas las veces en que me sentí sola, con una profunda tristeza e inseguridad. Recuerdo tener miedo de socializar con las personas, y lo que pudieran pensar de mí. Nunca fui alguien de muchos amigos, pues la idea de que hablaran a mis espaldas me atemorizaba.

Claro que, a medida que se va creciendo, llegas a convencerte de que ciertos temores desaparecen.

Pero los míos se ocultaron como la misma condición diagnosticada lo establecía. Pensé que había superado todo lo que me llegó a hundir, pero, en realidad, nadie sale de un hueco tan profundo por sí solo.

Este psiquiatra pudo dictaminar lo que sucedía con mi salud mental, sin embargo, no logró mejorarme. La medicina no me calmaba, y cuando creía empezar a estar mejor, volvía a derrumbarme: otro ataque de pánico más, acompañado por la desesperación de no encontrar respuesta.

Lo cierto es que hallar un buen especialista no es sencillo. Se necesita de alguien que pueda comprender lo que te sucede, intente volverse tu amigo, y tenga preguntas de las que te demande respuestas. Alguien que recuerde tu historia, los sucesos más significativos, y te motive a explotar ese potencial que a veces desconoces tener.

Este derrumbe solo me motivó a buscar la ayuda adecuada, a aceptar que no me estaba sanando, sino que seguía igual, o hasta peor.

Son muchos los que caen y se acostumbran a la caída, pero yo no era de esas. Y si quería volar, sabía que en mí recaía la decisión de dar el primer paso para sanar mis alas.

Ese es, precisamente, uno de los puntos más fundamentales para salir adelante: saber que, si no eres el primero en preocuparte por ti, entonces lo que puedan hacer los demás no logrará un efecto positivo, y mucho menos el que se desea.

Todas las heridas que ya No duelen

La bendición de la ayuda

Mi madre siempre ha dicho que el que busca encuentra, pero me parece que solo ella es capaz de encontrar lo que me resultará haciendo bien. Es así con todo: se me pierde el maquillaje, ella lo consigue. Se me pierde mi jean favorito, y también lo consigue. Tiene la magia de hallar todo lo que me sacará una sonrisa, o quizá no es magia, si no simplemente amor de madre.

Pero puede, que ahí, radique lo que verdaderamente significa ser mágico.

Una vieja amiga de la familia, nos dio el nombre del especialista que me ayudaría a escribir este libro. Antes que se lo pregunten, la respuesta es *no*. Cada palabra, la idea en general, surgió de mí; pero fue gracias a la ayuda del psiquiatra, que me convencí de que hacer lo que me gusta nunca me acarrearía energías negativas, como otras veces lo creí.

Si algo aligera el alma, es saber que podrán ayudarte. También es importante estar consciente de que debes ser la única ayuda que tendrás por segura, pero no se puede negar que se siente bien cuando otra persona se preocupa por tu bienestar.

Es en esos momentos, cuando la neblina que opaca la vista se dispersa, y tienes un panorama correcto de aquellos que sí se interesan por ti. Son ellos, los que permanecen en la oscuridad abrazándote, así como asegurando que sientas su presencia, los que debes cuidar y ofrecerles tu más sincero cariño. Entonces quedará la certeza de que ninguna de ambas partes acabará herido, o peor aún, roto.

Es difícil caminar por un sendero que desconoces sin ayuda. Por ello, el apoyo me parece una bendición. Existen personas desamparadas, que solo se tienen a sí mismas y, que incluso, pueden llegar a dudar de esto último.

Cuando te brindan una mano y la tomas, no estás siendo frágil: estás siendo fuerte. Fuerte, porque se necesita fortaleza para aceptar la protección, y no percibirla como debilidad.

Segunda parte

"El vacío existe mientras no caigas en él".

ODYSSÉAS ELÝTIS

La primera consulta

Repito: la primera consulta es crucial. Es aquí cuando defines la relación *médico-paciente* que llevarás con el especialista, y que conducirá a un mejoramiento de tu salud, ya sea física o mental.

A diferencia del primer psiquiatra al que acudí, aquí pude sentir un ambiente diferente. Había calma, no percibía tensión, y me sentía segura de querer encontrar un balance dentro de mí misma. Haber aceptado el caos emocional que arrastraba, pudo haber influenciado en toda la mejoría que vería meses después. Porque sí, la recuperación no es inmediata, sino que es un proceso de purificación, desde los hábitos hasta las relaciones sociales.

Recuerdo que, en esta primera consulta, duré casi tres horas, cosa que impacientó a mis padres. Nadie había durado tanto como yo, pero quería ser completamente honesta, ya que solo através de la sinceridad absoluta podría ir puliendo este nuevo camino.

Al comienzo de todo, albergaba una vergüenza por mis problemas de salud mental. Me incomodaba, incluso con mis padres, hablar de los demonios que querían conquistar el trono de mi mente. Creo que es justamente eso, lo que incrementa el fortalecimiento del constante temor que agita la vida del ansioso: tener una voz, pero no ser capaz de hacerla escuchar. Lo que nadie sabe de callarte los miedos, es que el cuerpo termina gritándolos mucho más alto.

Actualmente llevo un año en tratamiento y, dentro de mi ser, he sentido el cambio de diversos aspectos que existían, incluso, en la infancia. Un ejemplo simple, es que ya no me da vergüenza conversar con mis padres sobre lo que me pueda estar pasando; tampoco me ahogo las lágrimas, ya que, al final, solo terminaré almacenando todo el dolor que el alma me pide expulsar.

Las conductas obsesivas compulsivas que experimentaba, también disminuyeron. No fue solo un logro de la medicación que, en efecto, contribuyó, sino además de la educación que fui suministrándole a mis pensamientos.

La mente debe ser educada, manejada. No puede ser salvaje, violenta, porque significaría consecuencias mucho más salvajes y violentas para ti. Me gusta pensarla como un niño pequeño que está en descontrol, pero que, con dedicación, puede volver a tener un comportamiento adecuado.

En toda esta aventura que tuve, y sigo teniendo, con mis pensamientos, llegué inclusive a darle nombre a la ansiedad. Lu, le llamé. Cada vez que quería abrirse paso para dominarme, me mantenía firme, cruda, y me dirigía a ella como si de una persona se tratase.

«No, Lu, el control no lo llevas tú»

Aunque para muchos esto pueda ser retorcido, realmente ayuda. Humaniza al ataque y, al humanizarlo, le atribuyes la característica de poder ser derrotado.

Qué tan malo es medicarse

¡Vamos! Seguro que lo primero que te dicen las personas es que la medicación para la salud mental es mala, debido a que te vuelve un adicto. Te sugieren, constantemente, que no sigas tomando las pastillas, que estás muy joven, o que puedes manejarlo sin necesidad de una droga.

He perdido la cuenta de las veces en que se entrometieron en este asunto que solo me pertenece a mí. Es mi cuerpo, mi bienestar, mi lucha, no la de otros. Desde familiares hasta a amigos, que, de hecho, una vez llegaron a llamarme «drogadicta». Me pregunto si las personas tienen una idea del impacto que tienen las palabras, y que pueden ser más mortales que una misma bala. La triste respuesta es que la estupidez humana no tiene límites, y que puede resultar más infinita que el espacio.

La opinión de terceros logra volverse tan invasiva que, en innumerables ocasiones, mis padres me recomendaron no decir que estoy bajo tratamiento médico. Los invito a reflexionar sobre esto: que sigan temiendo a una verdad que es innegable, no tiene por qué repercutir en aquellos que la aceptamos. La mente necesita tanta salud como el cuerpo, y medicamentos necesarios que la ayuden a mejorar, así como el antigripal que te tomas para curar el resfriado.

En lo que siempre estaré en desacuerdo es en la automedicación, aunque yo la haya implementado como anteriormente dejé saber. Reconozco mi error, y no lo justifico. Esta medicación suministrada por psiquiatras es delicada, permitiéndotelo saber desde el momento en que vas a la farmacia para preguntar por su disponibilidad, siendo solicitada, en primer lugar, la orden prescrita del médico.

Cantidades excesivas pueden resultar letales, así como ingerir alcohol cuando se está bajo sus efectos. Por ello, se amerita una madurez para encontrar en esta solución no un amigo, sino un compañero momentáneo.

De hecho, mi psiquiatra ha ido disminuyendo paulatinamente la dosis indicada. Es un proceso exploratorio, pues debes ir escuchando a tu cuerpo, sentir lo que quiere transmitirte, e ir probando con el horario que mejor se adapte a tus necesidades para ingerir el medicamento. En mi caso, opté por eliminar la dosis nocturna, situación que me originó insomnio y pesadillas, del tipo que te levantas realmente asustado. Al comentárselo a mi psiquiatra, la retomé, decidiendo, tiempo después, abandonar el miligramo recetado por las tardes.

Como ven, nunca es un proceso sencillo. Incluso, algo tan simple como abandonar la pastilla, lleva consigo dificultades.

Otra experiencia que viví, fue la de romper relación con la cafeína por un tiempo considerable. ¿Por qué? Me ponía en un estado de ansiedad que, solo escuchando a mi cuerpo, supe identificar. Me despedí del café infaltable de las mañanas, porque la tranquilidad siempre significaría más que cualquier sorbo a la bebida. De hecho, también tomé distanciamiento con el alcohol, cosa de la que no me arrepiento.

Mi psiquiatra me hizo comprender lo contraproducente que suelen ser las bebidas alcohólicas. Él mismo las define como una montaña rusa: estás en la cima, sintiéndote libre, con una energía desorbitante que desearías siempre llevar contigo; luego viene la caída, acelerándote el corazón, y aventándote en el rostro todas las realidades que olvidaste momentáneamente.

El alcohol es un amigo que te da la mano, pero que esconde en el puño la punta de una hoja afilada.

Volviendo a la idea central de este apartado, quiero que sepas que medicarte para mejorar tu salud mental nunca estará mal. Esto no lo digo porque consuma dicha medicación, sino porque he aprendido a percibir los *ataques de pánico*, el *TOC*, y la *depresión oculta*, como una *condición*.

También porque, después de tanto tiempo, me he permitido tener el control, y demostrar la fortaleza que reside dentro de este blando cuerpo.

Identificación del problema

En todo proceso básico, es necesario identificar el problema, la incógnita que nos permitirá llegar a una solución. Así también pasa con este tipo de conflictos internos: si no reconoces los daños que te has, y te han, causado, alcanzar el estado sereno de la mente será una imposibilidad.

Yo fui aceptándolos paso a paso, reconociendo mis defectos, pero sin llegar a verlos como un mal que me pesa en la espalda. Porque no lo son: me vuelven humana, real, pecadora, y también consciente de que puedo pedir perdón.

Un hecho tan simple, sin complejidades, como la presencia de alguien en tu día a día, puede llevarte a desarrollar conductas autodestructivas. Sentir dolor no es la parte fácil de esta historia, de hecho, puede ser la más difícil. A través de estos sentimientos que fui experimentando, reconociendo, me di cuenta que la tristeza no es realmente mala, siempre que te permitas vivirla. Lo catastrófico, devorante, es encerrar el dolor, porque no le dejas más remedio que joderte por dentro.

Alejarte de personas, lugares, objetos, puede parecer un castigo, aunque realmente sea una cura.

¿No son las medicinas amargas y difíciles de digerir?

¿Por qué tendría que ser esto diferente? Después de todo, es una desintoxicación de la vida misma que aprieta, para que, al final, reconozcas lo gratificante que resulta poder respirar en libertad.

Una cosa es llegar a la identificación del problema, y otra, reconocerlo. Allí yace la verdadera lucha a campo abierto. Porque reconocerlo no significa derrotarlo, solo darle la cara, y no mostrarle la mejilla. Es un paso, efectivamente, pero no el último. Incluso, cuando tienes cierto tiempo sin presentar ataques de pánico, sigues en pie. Es importante no detenernos, pues significaría duda e inquietud, y estos resultan ser los principales aliados de nuestro enemigo.

Presión social

Como bien introdujimos anteriormente en el conflicto interno relacionado con la medicación, las personas siempre van a opinar en función de lo que la sociedad haya establecido a lo largo del tiempo. Gracias a la desinformación, para muchos un ataque de pánico es tener miedo y no saber controlarte; la depresión es estar profundamente triste; el trastorno obsesivo compulsivo es no manejar la obsesión existente. Incluso, determinan una «edad aceptable» para empezar a padecer estas condiciones, las cuales nosotros no hemos elegido para condicionarnos.

En el caso de los ataques de pánico, sí podemos llegar a sentir miedo a la soledad constante, pues estar por nuestra cuenta y experimentar un episodio no es sencillo. De hecho, mi más fuerte experiencia fue estando completamente sola, en la oscuridad, con síntomas nuevos que no presenté con anterioridad.

Recuerdo que duré aproximadamente una hora sintiendo que el mundo me aplastaba, y que nadie podía ayudarme a aligerar la carga invisible que llevaba sobre los hombros. Es aterrador, créanme que lo es: estar solo y sentir que puedes morir. Para ese tiempo había decidido abandonar la medicación por mi cuenta, cosa que no puede hacerse, por lo que la caída la tenía de frente, pero mis ojos no alcanzaban a prevenirla.

Es posible que ese miedo a enfrentar al mundo por ti solo, sabiendo que eres propenso a sufrir un ataque de pánico, sea lo que conduce a terceros a creer firmemente que te limitarás, renunciando al futuro brillante que ibas construyendo. Puede que tengan razón, pero no es la condición la que establece los límites, sino nosotros mismos al tomar decisiones.

Solo yo sufriré las consecuencias inmediatas de las opciones que elija para encaminarme. Los fracasos y el éxito son rutas que todos los seres humanos nos encontraremos en la encrucijada del vivir, por lo que nadie está exceptuado de enfrentarlas, independientemente de los problemas que porte consigo.

Algo que inquieta a cualquier persona es no entender por qué alguien joven no ingiere bebidas alcohólicas. Era difícil, al principio, explicar que no era porque no quería, sino porque no debía. Me excusaba con desconocidos, alegando que tomaba antibióticos, debido a que me agotaba explicar la condición que me abarcaba, y que sabía, jamás lograrían entender.

Otras veces sentía un enojo creciente que me fluía con furia por las venas. Eran esas las ocasiones en que explotaba, diciendo tajante que tomaba cierta medicación, y que no aclararía dudas, pues no las alcanzarían a comprender. Esas energías negativas, que atrasaban mi recuperación, me llenaban de rabia y de no entender por qué se me había negado la vida ordinaria de una chica de diecinueve años.

La presión social presiona una cuerda que nos ata. Las palabras sanan tanto como dañan, y son tan peligrosas como tener un cuchillo contra la garganta. Las palabras resultan matar tanto como lo hacen las armas.

Lo complicado no es demostrarte valiente ante terceros, sino ante tu propio reflejo en el espejo. Es arduo mirarte a los ojos y convencerte de que eres fuerte. Qué complejo resulta

Todas las heridas que ya No duelen

enamorarte de tus heridas, y no querer hacerlas desaparecer. Tan dificultoso como demostrarte que lo que sientes no está mal, sino que te está conduciendo a un crecimiento que solo se logra manejando por las curvas más angostas.

Quererse con sinceridad es un bosque del que no todos logran salir. Pero joder, cuando sales, no existe nadie en el mundo que te vuelva a hacer sentir menos.

Estabilidad

Atrévete a derribar a una mujer segura de sí misma, y terminarás más derrotado de lo que iniciaste en un principio. Imagínate una mujer saliendo de una etapa oscura, donde necesitó de fuerzas que no tenía, por lo que tuvo que cavar dentro de su ser. Imagínate una mujer con las uñas llenas de tierra, sin sentir vergüenza de sus propios logros. Imagínate una mujer así, y estarás imaginándote a una mujer tan abrasante como el fuego.

Si digo que no me sentí de tal manera al sujetar la estabilidad, estaría mintiendo. Me creía capaz de todo. Totalmente segura de poder determinar las riendas correctas de mi destino, de haber expulsado a los que no merecían tenerme. De hecho, estuve segura de que me estaba permitiendo querer otra vez, sin miedo de salir lastimada, pues las heridas continuarían existiendo en la vida, ya fuera en la mía o la de otro.

Me atreví a cosas que no me atrevía antes, como montarme en una *mototaxi*. Podrá sonar exagerado para unos cuantos, pero con el peligro que acarrea en Venezuela usar el transporte público, cualquier salida significa que, quizá, no puedas volver de la misma forma en que te fuiste.

Mi hermana pasó parte de esta nueva etapa en casa. Yo salía de un momento devorante y, esta vez, era ella quien entraba en el suyo. Me complace decir que fuimos la fuerza de la otra, el hombro que resiste, el pañuelo que exprime por sí solo las lágrimas. En mi familia me han inculcado, desde pequeña, a estar ahí para el que te quiere, más aún para tu propia sangre. Es por ello que siempre intento estar, porque sé lo que significa sentirte en la mierda, y no tener una mano que te ayude a rescatarte.

En esta estabilidad que me hizo imaginarme en la cima, descubrí lo malo que es olvidarte de las caídas. De lo que significa estar abajo. Pasa con las drogas, el alcohol, los amores que cortan y dejan cicatrices invisibles: te hacen sentir en la absoluta felicidad, a cambio de que olvides toda la caída que sucederá después.

Algo bonito de la primera sensación de bienestar, es saber que brillas. No estás consciente de las sombras que continúan acechando, pero brillas, y eso es lo que importa. Que por mucho que quisieron volverte oscuridad, tú elegiste seguir siendo luz.

Sabes volverte cobijo para el que siente frío, vela para el desamparado. Tu fe se fortalece y, por ende, fortaleces tú. No puedo quitar créditos a mis creencias, pues Dios significó descanso para cuando el viaje se me volvía exhaustivo. Es importante aferrarte a algo espiritual, porque, a veces, lo único que tenemos es esa sensación de que algo más grande que nosotros nos sujeta. Que es salvavidas en la marea que hunde y ahoga.

La inminente caída

Pistas de este hecho fui dejando en las palabras anteriores. Volver a estar bien por unos meses, no significa que no puedas volver a caer. De hecho, la recaída es tan certera como lo que sientes al experimentar un ataque de pánico.

Mis primeras sensaciones de ansiedad las viví, quizás, a mis trece años. Lo primero que recuerdo era ese vacío en el pecho, como si algo más allá de ti te estuviese advirtiendo de que algo malo estaría por pasar. El asunto era que nada sucedía. También percibía en mi cuerpo ganas de huir, pero sin estar segura de qué o de quién.

Estas mismas emociones vistieron mi piel en plena carretera, regresando de la playa. Me había divertido, nadado entre las olas, sentido la arena escurridiza entre los dedos. Incluso, me permití caminar, convenciéndome que la brisa era como una caricia al alma. Era ilógico sentirme así, pero pasó. La inminente caída alejó la falta de respiración, y en su lugar, introdujo unas desesperantes ganas de llorar.

Lloré, con mi padre a un lado, diciéndome que estaba bien desintoxicarme de pensamientos dominantes, de nudos que apretaban la garganta. Muchas personas se avergüenzan de llorar, cuando la vergüenza debería residir en cualquier acción que te aleje de ser humano. Hay una paz que te llena una vez liberas a la tristeza. Si una emoción te hace sentir mal, ¿por qué continuar reteniéndola? Más aún cuando te pide salir.

Al adelantar la consulta psiquiátrica debido a este suceso, el doctor le explicó a mi madre que, lo realmente preocupante, sería que no sintiese ganas de sucumbir al llanto. Que llorar me liberaría de la propia cárcel que mis malos pensamientos batallaban por mantener erguida.

Fue quien me ayudó a comprender que las recaídas no tenían nada de malo, que era normal vivirlas. Me impulsó a examinarme internamente, a averiguar si aún permanecía dentro de mi vida alguien, o algo, que me causara más mal que bien. En efecto, así fue.

No lo descubrí de inmediato. A veces son necesarias ciertas señales, conductas, encuentros inesperados que traen consigo la verdad. Preguntarte qué ciclos continúan abiertos, porque, internamente, te niegas a cerrarlos, aunque te convenzas de lo contrario.

Tercera parte

*"En contra de la idea establecida,
la palabra no crea un mundo;
el hombre habla como ladra el perro,
para expresar su ira o su temor.
El placer es silencioso, igual que ser feliz".*

M. Houllebecq

Miedo

Da miedo, ¡claro que lo da! ¿Cómo no vas a sentirlo después de haber creído rotas las cadenas? Sin embargo, hay una diferencia que es necesaria saberla para poder entender que el juego no sigue siendo el mismo: si ya lograste estar bien, volverás a lograrlo si te lo propones.

Al suceder algo por primera vez, el sentimiento es distinto para cuando pasa en otras ocasiones. Sucede con el primer beso, la pérdida de la virginidad, al tener emociones por alguien, o en cualquier escenario donde las sensaciones cotidianas sean alteradas por unas que revolucionen al corazón.

Con el miedo no es distinto ante hechos específicos. Lo percibes en tus manos, piernas, estómago, pecho. No obstante, sabes que se encuentra involucrado un sabor distinto, un factor que te permite tener control sobre el suceso, porque en lo más profundo de tu ser, no puedes negar el hecho de que ya has pasado por allí y encontrado la salida.

En esta recaída, la impotencia tuvo un aumento de poder sobre mí. ¿Cómo no tenerla? Es devastador saber que estuviste luchando, ganar, y verte derrotado tan pronto como llegó la victoria. Los ánimos caen, las sonrisas, e incluso, la esperanza.

¿Cómo puedes vivir sin esperanza? Sencillo: no vives.

Yo, que siempre fui de palabras, me quedé sin voz. Sin letras. El silencio, sin embargo, se quedó conmigo. Siempre me ha parecido maravillosa la potencia de permanecer callado, hablando solo contigo mismo, intentando comprender dónde comenzar a vendar las heridas que aún necesitan sanar.

Lo que más agradecemos aquellos que llevamos cierto peso por dentro, es el respeto que le brinden a nuestra decisión de permanecer en silencio. Que no es excusa, ser inexpresivo, frío, o sin voluntad. Es necesario un descanso de los pensamientos, malicias, y terceros que creen no llevar pecados encima. Darle la espalda a un juicio que no sabes cuándo empezó y, mucho menos, por qué te quieren condenar.

No importa qué tanto poder tengan las palabras, si aún no entendemos la fortaleza que reside en el silencio.

Todas las heridas que ya No duelen

Recordar cómo salvarme

Tengo el corazón lleno de cuerdas que se enredan a su alrededor, dejando la amenaza de apretar cuando les plazca. Es complicado no saber con exactitud el momento, o las palabras concretas, que aflojarán la tristeza que se encargará de darle fuerza a dichas cuerdas. Por ello, nunca sé con seguridad qué día me sentiré sumida en el caos, o en la más ligera tranquilidad.

¿Complejo? Lo es. Yo, que lo vivo, ni siquiera alcanzo a comprenderlo en su totalidad. Y puede que se pregunten: ¿cómo afrontas algo que no entiendes? Pues, son muchos los escenarios donde nos enfrentamos a situaciones inentendibles, pero que, en el transcurrir, iremos comprendiendo. Allí recae la fortaleza del caminante, en saber que en algún momento entenderá por qué vive lo que vive, y de dónde halló la osadía para encaminarse a un hecho desconocido que no sabría cómo enfrentar en su totalidad.

¿Han ustedes olvidado algo que consideraban aprendido? Apuesto que sí. Un paso de baile, la letra de alguna canción, el nombre de un autor cuyo poema dejó huellas en el alma. Si significaron tanto, es incomprensible saber por qué no lo recordamos; sin embargo, la vida misma es así: salvaje, rara, y no le rinde cuentas a nadie.

Ante esta recaída que enfrenté, olvidé qué fue lo que, en primer lugar, me ayudó a saber que la luz no me había abandonado. Es difícil, frustrante, buscar un recuerdo que yace en tu memoria, pero que se niega a aflorar. Solo te causa un incremento de impotencia, de frío; de rendirte a la tormenta, y limitarte a esperar que culmine.

No obstante, la tormenta no culmina por sí sola, solo lo hace cuando eres tú quien le exige un final. Es aceptable, por un breve tiempo, vivir la tristeza en cada herida, dejarla escocer. Lo único perjudicial es acostumbrarte al ardor que produce el daño, sintiendo así apego a la sensación de saberte en pena.

No les exagero. Hay quienes se dejan conquistar por lo dañino, ya que así se aseguran que siguen con vida y sintiendo.

En mi experiencia, recordar cómo salvarme condujo inmediatamente a una compresión interna de mi ser, a conectar con mi propio cuerpo. Día a día, hora a hora, me esforcé sin presiones a hablar el idioma del alma. A estar consciente de los latidos de mi corazón, y que, si sentía presión, se debía a que era otra forma de advertirme sobre las angustias que aún no alcanzaba a identificar.

Paso a paso, como si de aprender a caminar se tratase, me introduje en el mundo de la yoga y meditación. Decidí dar comienzo a cada mañana con afirmaciones positivas sobre mí, la vida, la familia que me cuida. Aprendí a respirar, porque sí, muchos dan por hecho que nacemos con esta acción aprendida, pero no todos sabemos sentir lo que significa inhalar, retener, y exhalar toda la mierda que se esconde dentro.

Fue así, haciendo alianza con el tiempo, cómo poco a poco me hice oídos sordos al mundo, permitiéndome, únicamente, dar oídos abiertos a mi persona interior.

Aceptar y alejar lo que me ha dañado

Al aventurarte en un proceso de descubrimiento, empiezas a creer en ciertas creencias a las que antes no les dabas atención. Hoy en día, sigue en pie la afirmación de que, mientras no te importe la opinión de los demás, lograrás ser feliz. En efecto, es así, pero hay un factor importante que se ha de añadir: esas personas con críticas negativas disfrazadas de "constructivas", no deben tener cavidad en ningún espacio de tu vida.

Durante mucho tiempo he escuchado alegar que *«si te dañan es porque no tienes malicia»*. ¿Qué clase de persona quiere adquirir malas emociones que dañen su luz propia, solo porque otros la tengan? ¿Es realmente este un medio de autoprotección? Protegerse no significa romper con lo que te hace ser quién eres, únicamente porque el miedo sigue deambulando por las calles.

Querido lector, vengo a quitarte una carga de encima.

No estás mal por pensar que todos los seres humanos son buenos, porque eso permite reflejar la buena energía que reside dentro de ti. No tiene nada de malo enamorarte perdidamente, ya que, si te rompen el corazón, eso demuestra que tienes uno que todavía siente. No temas a dar sonrisas honestas, y abrazos reconfortantes a espaldas que puedan tornarse en contra de ti.

No esperes conocer completamente a alguien, cuando no te conoces completamente. Siempre hallarás sorpresas que conducirán a inmensas alegrías, o a llantos desconsolantes. Lo que debes sacar de dichas experiencias, es la oportunidad de saber quién te sujetó, quién produjo la sonrisa, y quién no hizo nada al hacerte derramar la lágrima.

Nunca he llegado a sentir gozo en el dolor ajeno. Tampoco he querido salir por venganza. Con el corazón en mano, sangrante, me permití quitar la venda que yo misma até, y le di la cara a falsos amores y amistades. Permití alejar a aquellos que creyeron lo peor de mí, debido a que eso significaba que no importaba todo lo bueno que llegué a hacer por ellos, sino que el mayor peso pertenecía a las mentiras, suposiciones, y conversaciones que nunca llegaron a tener lugar.

¿La culpa? Del miedo. De nada más.

A partir de este entendimiento, observé con comprensión que la energía existe, y se encuentra allí, en los ojos de los demás y sus acciones. Cuando abrí la puerta de mi interior, permitiendo que ciertas personas se fueran, buenas se dieron la oportunidad de entrar. Planes que no había logrado, hallaron su camino a la materialización. Sonreí más, me abracé más. Me quise más.

¿Perdí? Sí.

¿Gané? La respuesta la tienes en cada letra de este libro.

Todas las heridas que ya No duelen

Yo, yo misma, y yo, siempre

Miles de niñas son constantemente lastimadas alrededor del mundo, no porque ellas lo quieran, sino porque así lo han establecido las costumbres.

No es mentira que te quieren silenciosa, tranquila. Sin carácter, metas grandes, y firme ante las reglas. ¿Qué le dicen a una niñita cuando se vuelve una «rebelde»? ¡Que no está bien! Les preocupa la opinión de las personas, y si calificarán su actitud como algo indigno de una futura mujer.

Aunque, ¿qué es digno de una futura mujer? Para mí, saberse segura de sus capacidades, pero, sobre todo, amarse más allá de lo que se le ha permitido. Al amarte, te califican de egoísta,ególatra, narcisista. No es habitual ver a una chica frente al espejo, sonriente, diciéndose a sí misma lo hermosa que luce.

Cuando a esta historia ortodoxa se comienza a sentenciarle un final, intentan detenerla. ¿Por qué?

¡Por miedo! Una mujer no necesita un hombre que la mantenga, sino un hombre que la aliente a conseguir sus metas, y a formar un hogar donde no sea ella prisionera. Una mujer merece respirar, sabiéndose libre, enamorada de la vida y de sí misma.

En todas partes del mundo hieren a niñitas, pero en ninguna hieren a una mujer que no teme hablar y exclamar las injusticias.

No quiero verme definida por mis debilidades. Quiero que me vean como un ejemplo de superación, pero, ante todo, quiero ser yo quien me vea de tal manera en primer lugar. Quiero darle fuerza a mi voz, a mis huesos, a mis sueños. No quiero que me sigan para sofocarme, ponerme en duda, o insegura; quiero que me sigan, porque conmigo, estos alegatos no tienen cavidad.

No me disculparé por hablar, dar opinión, permanecer firme. No me disculparé por haber ganado mi propia confianza y disfrutar de ella. Tampoco de las decisiones erradas que tomé, porque me ayudaron a ser la persona de la que estoy profundamente enamorada.

No tengas miedo de una mujer segura de sí misma. Ten miedo a no sentirte lo suficientemente seguro como para no merecer ser parte de la vida de dicha mujer.

Yo, yo misma, y yo, siempre.

Tú, tú mismo(a), y tú, siempre.

La habitación de los espejos

Hace algunos días, la escritora mexicana, Emilia Pesqueira, realizó una actividad a través de la red social instagram en pro de fomentar la inspiración en los tiempos difíciles que se padecen. No solo conlleva a una búsqueda y encuentro de la iluminación artística, sino también, a un análisis interno de todas las heridas, rencores, y furias que no hemos alcanzado drenar.

Ella nos sugirió imaginarnos en una habitación rodeada de cuatro espejos, por lo que era inevitable no verme reflejada en cada giro que hiciera. Solo yo era mi propia compañía, de la misma manera en que llegué a este mundo.

Frente a un primer espejo me detallo desnuda, humana, mortal. Me veo a la cara, a lo interno de mis ojos, comprendiendo que, después de tanto tiempo, por fin me observo con calma, paz, y ligera. Sin embargo, es imposible no notar que, por más que me agrade la sutileza de mi rostro, me olvido de partes de mi ser a las que nunca les pongo cuidado.

Se me olvida, con constancia, la existencia de mi espalda, esa que solo recuerdo cuando una mano ajena acaricia su superficie. Me da vergüenza admitirle que el olvido es intencional, pues sus marcas me avergüenzan, quizá porque no quiero dar explicaciones a terceros que resulten curiosos.

Sin embargo, me propongo todos los días crecer y quererme, y no puedo alcanzar la totalidad del amor si no hago las paces con cada átomo de mi existencia. Si alguna vez le pedí disculpas a mi corazón por permitir que lo llenaran de curitas, mi espalda no tiene por qué merecerse menos.

Cuando me disculpo por los errores, la veo diciéndome que está bien, porque realmente lo está. Hay partes de nosotros que nos cuesta querer o aceptar, radicando lo decisivo en qué decisión nos permitimos tomar con respecto a estas tinieblas que siguen yaciendo en lo interno.

El primer paso para la sanación es, indudablemente, saber pedir(te) perdón. Por ello, querido pecho, no te fatigues, pues te perdono, porque sé que, si un día me apretaste, fue gracias a que me pedías desatar el nudo.

Si volteo para mirarme en el segundo espejo, ya no percibo la corteza de la piel. En su lugar, la sangre me corre por cada esquina de los órganos. Recorro, permitiéndome admirar la vida en mis pulmones, estómago, corazón, huesos. Recorro, y me doy cuenta que agradecer es tan importante como ir en busca del perdón.

Entonces, agradezco: a mis pulmones, por seguir dándome oxígeno, aunque yo no sintiese el aire. A mi doliente estómago, por ser el almacén de las mariposas muertas. A mi valiente corazón, por continuar palpitando, a pesar de todos los golpes que le han dado sin merecer. A mis resistentes huesos, porque cuando caí, ellos no me permitieron quedar inmóvil en el suelo.

Giro al tercer espejo. No me compongo de órganos, sino de recuerdos. Del pasado. Aquí me veo, pequeña, de diecisiete años, con la presión de elegir cuál sendero me llevará a una idea establecida del éxito. Tres carreras, para una niña cuya mente es nublada por demonios que la fomentan a escoger lo que otros quieren, y nunca lo que ella decida.

Hoy me pido perdón por haberme sometido a cuatro años de procesos duros, pero, también, me agradezco por haber entendido que nunca es demasiado tarde para tomar

Todas las heridas que ya No duelen

las decisiones que te conduzcan a tu propia noción de triunfo.

No obstante, cuando estoy por enfrentarme al último de los espejos, no puedo irme sin que vea, nuevamente, mi primer ataque de pánico. Mi primer miedo. Mi primera caída. Mi primera herida.

Me observo con un terror que mi piel recuerda al instante. Lágrimas en los ojos que mis pestañas aseguran haber llorado. A pesar de que todo vive en mi memoria, no me siento como la misma persona. Soy diferente, y qué bien se siente serlo.

Le sonrío a la niña que fui, porque gracias a ella, he logrado transformarme en la mujer de la que me siento orgullosa de ser.

Finalmente, allí te tengo, cuarto reflejo. Esta vez no hay pasado, ni órganos, mucho menos la imagen exacta de mi apariencia. Esta vez veo el futuro, pero no el de todos, sino el que yo quiero lograr.

Veo los sueños que perdí, pero también los que gané. Es necesario renunciar a viejas metas, para que las nuevas puedan nacer. Está bien cambiar de propósitos porque, si existe una madurez mental, eventualmente existirá una madurez a nivel de conocimiento y, con ello, a nivel de los sueños.

Si veo lo que quiero, ¿por qué no he de buscarlo? Si lo veo es porque existe, y porque puede ser posible. Podría resultar una realidad y, esa realidad, podría ser la mía. Lo único capaz de detenerme son mis propias ideas, o las de terceros frustrados que no creen en la realización personal, ya que no tuvieron la suficiente confianza como para luchar por obtenerla.

Es inevitable no recordar esos instantes en los que mi vida se vio llena por energías negativas. Es inevitable no darme cuenta de todos los cambios ahora que he decidido ser mi prioridad.

Puede que me pregunte si en algún momento volveré a recaer. Si resulta ser así, espero recordar que no hay luz que se vea opacada por las sombras, y que más puede la voluntad del bien en contra de los demonios esparcidos por el mal.

Los peores monstruos, por seguro, son los que habitan entre nosotros.

Cuarta parte

"La poesía es el lenguaje del alma, sobre todo, de un alma romántica y soñadora como la mía".

José Manuel Celis Pereira

Escribir me salva

Reside un poder inherente a las palabras, mucho más poderoso cuando a la voz callan. Escribir salva al escritor. La lectura salva al lector. Existe una salvación mutua y, por ende, mucho más propensa a resultar.

Por ello, no solo les he dado mi experiencia como motivación y reflexión, sino que, también, inmortalizaré aquí a mis letras. Esas que me dieron aliento, cuando lo único que sentía era un ahogo a través de la asfixia.

Armas de fuego

Hay balas que no vienen desde afuera,
sino que son disparadas
desde dentro.

Lo que el mundo necesita

El mundo necesita mujeres capaces de florecer
en jardines donde nadie nunca
pudo echar raíces.
Mujeres que quieren,
pero también te quieren,
porque saben que querer
no las vuelve débiles.
Se necesitan mujeres que no sean sombras,
que sean luz,
cuya fiera voluntad
no pueda ser domesticada.

La elección

Me elegí,
    y desde entonces,
        he sido mi mejor elección.

Mírame a los ojos

Mira a una mujer fuerte a los ojos
y cambiarás todo concepto que tenías
sobre fortaleza.

Metamorfosis

Tan pequeña e indefensa,
pobre niña la llamaron.
Peligrosa e imparable,
murmuraron los cobardes.
¡Qué impresionados
sus rostros se mostraron!
Al enterarse que la niña que humillaron
resultó siendo la mujer
que admiraron fascinados.

Aclaratoria

No soy mi pasado,
soy lo que hago
con todo lo aprendido
para construir cada cimiento
de mi futuro.

Atracción

Tu alma atrae a las personas.
La clase de individuo que te rodee,
determinará el tipo de ser
que eres.

Atadura

Aprende a querer sin enredos,
      porque si no te desataré
todos los nudos.

Quiérete

Me quiero lo suficiente
para asegurar que merezco ser amada
por quién soy.

Mujer Meteorito

No le digas que no puede,
cuando ya lo ha intentado.
Que no resultara las primeras veces,
no significa que en la siguiente
no conocerá el éxito.
¡Joder! No intentes detenerla,
porque todo el que se le cruza pierde,
pues es tan feroz como un meteorito
precipitándose a la tierra.

Llueves

Ella es lluvia cuando el dolor la alcanza.
Y, aun así, la quiero.
La quiero, y por ella
    también me mojaría
        en su tristeza.

Sentir(te) o no sentir

Cuando me cuido de sentir demasiado, termino pasando meses sin sentir. Un día le pedí a Dios volver a tener emociones intensas por alguien y, hasta ahora, me di cuenta por qué pasé tanto tiempo sin sentirlas: a veces la intensidad nos conduce a la autodestrucción.

Nunca se me ha hecho fácil manejar mis emociones. Te quiero con todo o no te quiero; jamás dejo un sentimiento a la mitad. No sé cómo hacerlo. Si nací entera, no tengo por qué ofrecer menos de lo que soy, porque eso solo significaría que no quiero dar cada parte que cobra vida dentro de mí.

Soy de esas mujeres que sienten demasiado cuando sienten de verdad. A veces, sentir con fuerza te destruye si no sabes, primero, sentir demasiado por ti. Quizá, por eso, me rompieron el corazón tantas veces: siempre di mucho a personas que solo sabían ser poco.

Ahora puede que entienda por qué Dios guarda mis emociones para los momentos adecuados. Hay tanta gente sintiendo superficial, que los que sentimos de verdad, solo estamos para enseñar a aquellos que aún quieran aprender a sentir con el corazón.

Alexandra Lemi

Siempre conocí al amor

El amor llevaba
el color de la tierra mojada
en los ojos.

Su cabello era del verano:
amarillo como la luz del sol.

Había nacido por las noches,
quizá por eso nunca tuvo
disputas con la oscuridad.

Su cuerpo tenía algo que ver con el mar.
No era ondulante como las olas,
sino explosivo como el sonar del agua
al romper contra la orilla.

Al amor le conocí sin saberlo,
pues cada día me devolvía una sonrisa
o una lágrima
a través del cristal:

El amor de mi vida
siempre he sido yo.

Mandamiento

Si me voy a enamorar
        que solo sea para tener más paz
de la que ya tengo
        estando solo conmigo.

Madre de palabras

*Quiero escribir
hasta que me sangren los dedos
y, aun así,
tanta sangre nunca podría
ser herida.*

Todas las heridas que ya No duelen

El dolor del adiós sin despedida

Ayer te fuiste sin decirme adiós
y me dejaste el corazón partido,
de mí te alejas sin decirme nada
hace ya tiempo lo había presentido.

[Ayer me fui en silencio
dejando tu corazón a la mitad
porque de haberme despedido
jamás me habría podido marchar]

Murió la rosa, se secó el jardín,
ya no lo riega tu filial cariño,
ya no lo adorna tu alegre sonrisa,
ya no lo cubre tu manto de armiño.

[Murió la rosa de tu hermoso jardín,
aquella de la que nunca nacieron pétalos,
pero sí espinas para pincharme
hasta dejarme sin sentir]

Tu risa fresca no llega a mi oído
acompañada de tu dulce voz
como preludio al fraternal saludo
y al beso tierno que había entre los dos.

Alexandra Lemi

[Ya mi voz no acariciará tu oído
sino la melodía melancólica de un te quiero
que no me creo capaz de volver a decir]

Mas, todo pasa, todo en esta vida,
muere el viajero, igual muere el camino
mueren las aves, también mueren los ríos
esa es la ley que nos marcó el destino.

[Todo pasa, todo acaba,
y yo ya pasé,
pero puede que nunca mi recuerdo
te abandone del todo]

Mas no creí que muriera tan pronto
este cariño que fue como un arrullo,
como algo grande que despuntara al cielo
y que hoy se pierde como un suave murmullo.

[No hay amor que muera por sí solo,
sino amor que muere
porque le han hecho morir]

Mis ojos tristes se pierden en la nada
pues han perdido su bella inspiración,
pues ya no miran tus ojos cristalinos
que en otros tiempos fueron mi ensoñación.

Todas las heridas que ya No duelen

Y ya los versos que a diario te entregaba
se han revestido con el mayor dolor
porque te alejas de mi amistad sincera
sin que mediara ninguna explicación.

[Tus versos lloran sobre las cascadas
que los míos ya habían derramado.
He allí el problema:
fui una amiga que se hundía
cuando solo quería flotar sobre ti]

Mas, yo te espero tranquilo en el camino
con la mirada perdida en la lontananza
soñando a solas con tu frágil figura
que me parece venir en la distancia.

[Puede que si sueñas conmigo
nuestros labios se encuentren por allí,
para sentir todo lo que nosotros
les hemos prohibido vivir]

Y cuando vuelvas tú de nuevo a mi lado,
te esperaré con los brazos abiertos,
el mismo beso, el saludo, el cariño
que profesamos en el primer encuentro.

Alexandra Lemi

[Y es que, si llego a regresar,
no esperes encontrarte
con la misma niña
que algún día fui.
De nada me habría servido irme,
si no logro volver
como la mujer que siempre
quise ser]

Respuesta entre corchete al poema
"El dolor del adiós sin despedida"
de mi abuelo José Manuel Celis Pereira.

¿Tienes fuego?

La cotidianidad de la vida. El pensar que todo será igual, en el mismo sitio, la misma hora, frente al mismo bar; en la espera interminable porque algunos chicos salieran en busca de algún taxi, y él hallase la oportunidad para llevar el pan hasta casa.

Encendió un cigarrillo. Una parte más de la rutina. El destello del humo le relajaba las tensiones de un cuerpo ya dormido, sin recordar cómo se siente estar vivo. Al botar las cenizas por la ventana abierta, sus tatuajes sintieron la caricia del viento, recordándole que llevaba meses sin percibirse tan caliente como cual sol en la plenitud del verano.

Un bullicio de voces llenó aquella calle perpetua de Madrid. Sabía que pronto se le acercarían, pidiendo una carrera con destino desconocido, mientras en el asiento trasero dos extraños jugaban a tocarse sin aguardar llegar a una cama que fuese testigo del encuentro.

—¿Se encuentra trabajando?

Esperaba una voz gutural, masculina, pero, en su lugar, llegó hasta sus oídos la presencia de un tono hipnótico. Soltando el humo que retenía, se dio de frente con una mujer que no aguardó respuesta, introduciéndose, de inmediato, en el asiento junto a él.

—No le molesta que vaya de copiloto, ¿cierto? —Sus ojos se encontraban rojos. No supo identificar si sería por efectos de droga o llanto—. Mientras le dé dinero todo estará bien. Lléveme a esta dirección.

Le extendió un papel donde se escribía el nombre de un hotel. Lo conocía. Había llevado a varias personas pudientes hasta allí, por lo que la mujer, claramente, debía tener buena posición económica.

No dijo nada y puso en marcha su coche.

No pasaron ni dos minutos para cuando, la desconocida, volvió a llenar la estancia con su voz pausada.

—Deme fuego.

No fue una petición, dado que en su boca ya reposaba el cigarrillo. Sacó el encendedor cuando uno de los semáforos otorgó la luz roja, y el destello de la llama los iluminó por un instante.

La desconocida tenía la mirada viva de un verde, casi similar al de las aceitunas. Nariz pequeña, con un piercing discreto que le daba bandera de rebeldía. Y un sutil recorrido por su rostro le dejó saber que había llorado lágrimas negras.

No estaba drogada. Era una mujer que se hallaba triste.

—Gracias —agradeció al instante en que el coche volvía a ponerse en marcha—. ¿Usted tiene voz? Bueno, es que tampoco le doy tiempo para hablar. Dígame su nombre, pero no el real, sino uno por el yo pueda llamarlo.

Frunció el ceño, un tanto confundido. Era un escenario extraño. Echó una ojeada rápida a la mujer: no tendría más de veintidós, y llevaba un vestido de lentejuelas que no ocultaba sus finas piernas. Era bastante delgada, pero eso no evitaba que fuese atractiva.

—Benjamín —le respondió.

Dio una calada al cigarrillo antes de responder.

—He conocido a muchos hombres en esta vida, Benjamín. ¿Ve esto? —Le mostró un anillo que no tardó en

Todas las heridas que ya No duelen

quitarse y arrojar por la ventana sin dolor alguno—. Estaba comprometida, y me lo he encontrado liándose con otra esta mañana. ¿Sabe qué es lo peor? No me ha dolido. Ya no recuerdo lo que es sentir.

No se percató que su cigarrillo se había acabado hasta que ella aventó el suyo.

Sintió el impulso de darle una respuesta que la hiciera sentir menos sola, pero tampoco parecía estar sufriendo. Lucía serena, mientras buscaba otro cigarrillo que encender entre sus pertenencias.

—Tome uno —Le ofreció de los suyos—. Yo tampoco recuerdo lo que es sentir.

Detuvo el taxi en una esquina a oscuras, volviendo a ofrecerle fuego. Esta vez, fue ella quien abrió la puerta para salir al exterior, estirando sus brazos al momento de exhalar. Benjamín la observó, identificando un pequeño tatuaje cerca del codo.

—Me llamo Alma —sonrió. Su sonrisa era tierna, pero también dejaba entrever una invitación seductora—. Cuénteme su historia, siempre que no sea la verdadera. Añada el picante que quiere que tenga su vida y que, por alguna razón, aún no lo tiene.

Aquello lo hizo reír. Era una noche inusual, para sus tantas noches usuales.

—Tengo dos hijos —Aquello era cierto—, y mi mujer me ha dejado por un hombre que le sobran los billetes.

Su mujer sí lo había dejado, pero no por dinero, sino por la bebida. El alcoholismo la arrastró hacia una oscuridad de la que no se sale, cuando ya la luz interna ha decidido apagarse para siempre. Hay quienes se acostumbran a lo oscuro, a la vida sin ser vida, y así le había pasado a la mujer que, un día, llegó a querer.

—Pues, yo creo que una idiota ha dejado a un gran hombre que se pasa las noches trabajando para sustentar un hogar que, hace tiempo, ya no se siente como hogar —Las largas uñas de Alma le atravesaron el brazo, pincelando dibujos invisibles sobre las líneas de los tatuajes que abarcaban la piel—. ¿Cuándo fue la última vez que hizo una locura?

—No lo recuerdo.

—Yo tampoco —concordó. Su aliento a vodka lo invadía debido a la cercanía que había entre ambos—. Y eso es triste, porque solo los locos logran vivir cuerdamente.

Se alejó. El largo cabello rubio le caía por la espalda como cataratas, moviéndose en libertad. Volvió a entrar al coche, aguardando por él.

—¿Hacemos algo de lo que nos podamos arrepentir mañana?

Benjamín la miró al entender el mensaje oculto de su propuesta. Alma sonreía a la nada, mordiéndose el delgado labio.

—¿Y si no nos arrepentimos?

Ella se encogió de hombros.

—Lo repetimos hasta que llegue el arrepentimiento.

El resto del trayecto fue en silencio. Benjamín se sentía inquieto ante lo que podía llegar a suceder si accedía a bajarse del coche con aquella mujer, la cual no dejaba de ser una desconocida. La inquietud también lo hacía sentir con adrenalina, que no tardaba en llegarle hasta su miembro, que parecía querer cobrar vida. De reojo la observó por un momento, preguntándose si se estaba quemando tanto como él sentía estar haciéndolo.

El elegante hotel se irguió ante sus ojos oscuros. Al atravesar la redoma de la entrada, ya un portero se aproximaba para abrir la puerta del huésped.

Todas las heridas que ya no duelen

—Señorita Alma —dijo, extendiéndole la mano con cortesía.
La rubia lo ignoró, rodeando el coche para abrirle la puerta. Benjamín se bajó con sus pantalones rotos, camisa negra, y aspecto rudo que no coincidía en nada con el ambiente del lugar.
—El señor...
—El señor está penetrando a otra mujer, Arturo —lo interrumpió Alma, sin tapujos—. Mi amigo Benjamín ha venido a consolarme y secarme las lágrimas a su propia manera —Apagó el motor, sacando las llaves y entregándoselas al hombre—. Encárgate del coche.
Le dio unas palmaditas amistosas en la espalda, al tiempo en que juntos entraban al hotel. El color blanco avivaba el lugar, acompañado por detalles dorados en los cuadros, muebles, y objetos decorativos. No pudo detallar con mejor precisión, ya que la mujer se dirigió con paso apresurado al elevador, el cual no tardó en llegar.
La habitación era amplia, con un bar incluido. Luces adornaban la parte baja de la gran cama, así como otras que ella se encargó de graduar para darle un aspecto más íntimo al ambiente.
—Desvístete para mí, Benjamín.
Hubo algo en el tono de su voz que le puso los pelos de punta. Una sensación le erizó la piel sin pudor. Era una mujer intimidante, peligrosa, de esas que saben lo que quieren, y que pueden tenerlo si así se lo proponen.
Lo hizo sin quitarle la mirada de encima. Podría jurar que sus ojos verdes se oscurecieron al examinarlo con lujuria, sin vergüenza. Al bajarse el pantalón, Alma no esperó para levantarse y desatar el vestido que la alejaba de la desnudez.

Sus pechos, firmes, le llenaron de ansiedad el tacto. La desesperación por tocar.

—Hazme sentir como hacen sentir los hombres de verdad.

Se besaron con paciencia, como se siente la brisa antes de desatarse el huracán. Y, como si se tratase de uno, no hubo espacio que no llenasen con el deseo desorbitante que no perdona aquello que quiere volver suyo.

Cuando el sol se encargó de destronar a la luna, ya él se encontraba mirándola. Dormida, casi parecía un ángel. Allí se dio cuenta de lo peligrosa que puede resultar una mujer: pueden mentir, incluso cuando llevan la verdad en el rostro.

Sus ojos verdes se fueron encendiendo y, al notarlo, una risita cómplice le dio vida a sus labios.

—Fue como tener dieciséis otra vez, cuando nada era tan complicado —comentó ella.

—Puedes tenerlos cuando quieras —Benjamín había decidido que, si iban a jugar, mejor era que jugaran los dos.

Alma se rio por todo lo alto, al tiempo en que se levantaba de la cama sin cubrir su figura desnuda.

—Tranquilo, que he sido yo quien te ha conseguido —Abrió la puerta del baño y, antes de desaparecer dentro de él, añadió—: me encargaré de volver a encontrarte.

No pudo evitar reírse por lo que había pasado. Como una noche ordinaria, pasó a ser salvaje y alocada.

La vida te trae sorpresas, mientras consigas el valor de salir y permitir que te sucedan.

Agradecimientos

A la vida, a Dios, que me permitieron nacer con esta bendición de poder formar parte de desconocidos a través de mi arte. A la herida, por otorgarme la experiencia que me permitiría escribir esta guía de ayuda, fe, y superación.

A mis padres, hermano, y hermanas; a abuela Ruth, y abuelo Edgar. A mis tías Ruth Alejandra y Maira, así como a mis tíos Juan y Manuel Eduardo, quienes estuvieron allí para socorrerme, y fueron abrazo para un cuerpo sediento de amor.

A la presencia omnipotente de mi inolvidable abuela Caridad que, desde el cielo, no me ha dejado de cuidar.

También a la memoria del poeta del pueblo, mi abuelo José Manuel Celis Pereira. A mi tío José Manuel, que nunca ha dejado de estar en mis recuerdos.

A todos los que tienen un rincón en la pequeñez de mi corazón que, sin embargo, posee suficiente espacio para hospedarlos sin aprietos, grietas, o dolor.

Made in the USA
Las Vegas, NV
22 January 2024

84769974R00053